Le dessin de Franklin

Pour tante Trena et oncle John - *S. J.*
Pour mes voisins de la ville de Port Perry - *B. C.*

Publié pour la première fois en 1999 par Kids Can Press Ltd.,
Toronto, Ontario, Canada, sous le titre *Franklin's Neighbourhood*

Écrit par Sharon Jennings à partir du personnage de Franklin
créé par Paulette Bourgeois et Brenda Clark
Les illustrations ont été réalisées avec l'aide de Shelley Southern

ISBN : 2.01.392501.8
Dépôt légal n° 13595 – Août 2001 – Édition 03
Imprimé chez Stige, en Italie.
Loi n° 49-956 du 16 juillet 1949
sur les publications destinées à la jeunesse.

Le dessin de Franklin

Paulette Bourgeois - Brenda Clark
Adaptation française de Violaine Bouchard

DEUX COQS D'OR

Franklin sait compter jusqu'à dix à l'endroit et à l'envers et peut réciter l'alphabet d'une seule traite. Il aime dessiner, observer les choses autour de lui et partager ses expériences. Aussi, quand M. Hibou explique à la classe le premier devoir de l'année, Franklin est fin prêt.

« Nous vivons dans un quartier de la ville, explique M. Hibou. Et ce quartier est constitué de maisons, de magasins…

– De jardins ! dit Arnaud l'escargot.

– Et d'un hôpital ! ajoute Odile le blaireau.

– Exactement ! dit M. Hibou. Et pour demain, j'aimerais que chacun de vous dessine ce qu'il préfère dans notre quartier.

– Qu'est-ce que vous préférez, vous ? » lui demande Franklin.

M. Hibou réfléchit quelques secondes avant de répondre :

« L'école. »

Et cela fait rire toute la classe.

Quand Franklin rentre à la maison, il se précipite dans sa chambre.

« Tu veux ton goûter ? lui demande sa maman.

– Non, merci, répond-il. J'ai du travail. »

Il prend ses crayons et son cahier, puis il s'assoit pour réfléchir.

Il pense d'abord au vendeur de glace, puis à la piste cyclable, et ensuite au terrain de foot.

Franklin soupire. Choisir l'endroit de son quartier qu'il préfère ne va pas être facile !

Il va chercher sa maman.

« Finalement, je veux bien mon goûter, dit-il. Je sens que mon cerveau a faim. »

Mais après trois biscuits aux mouches et deux verres de lait, Franklin n'a toujours pas trouvé ce qu'il préfère.

« Pourquoi ne vas-tu pas faire un tour dans le quartier ? lui suggère sa maman.

– Bonne idée ! » répond-il.

Il attrape ses crayons et son bloc de papier, et sort.

En chemin, il rencontre Lili le castor.

« J'ai fini mon devoir, lui annonce-t-elle fièrement. J'ai choisi la bibliothèque, et j'y suis allée directement après l'école pour faire mon dessin. »

Franklin pense à l'heure du conte avec Mme l'oie, la bibliothécaire.

« Ça, c'est une bonne idée ! » s'exclame-t-il.

Il salue Lili et se dirige vers la bibliothèque.

Franklin est assis sur les marches de la bibliothèque quand arrive Raffin le renard.

« As-tu fini ton devoir ? » demande son copain.

Franklin hausse les épaules.

« Je voulais dessiner la bibliothèque, mais en chemin, je suis passé devant le cinéma, et je n'arrive pas à me décider.

– Moi, j'ai choisi la caserne des pompiers », dit Raffin.

Franklin se souvient de la fois où le capitaine des pompiers l'a laissé s'asseoir dans le camion.

« Ça, c'est une bonne idée ! » s'exclame-t-il.

Il ramasse ses crayons, son cahier et salue Raffin.

Devant la caserne des pompiers, Franklin rencontre Ludo l'élan.

« As-tu fini ton devoir ? demande Ludo.

– Non… dit Franklin en soupirant. Je voulais dessiner la caserne des pompiers, mais en chemin j'ai vu d'autres endroits qui me plaisent tout autant.

– Moi, l'endroit que je préfère, c'est l'étang », dit Ludo.

Franklin pense aux baignades et aux courses de patin à glace auxquelles il a participé avec ses amis.

« Ça, c'est une bonne idée ! » s'exclame-t-il.

Il salue Ludo et se dirige vers l'étang.

Franklin est en train de regarder fixement l'eau de l'étang quand arrive Martin l'ourson.

« Qu'est-ce qui ne va pas ? demande Martin.

– Je n'arrive pas à décider ce que je vais dessiner pour mon devoir, répond Franklin. Il y a trop de choses que j'aime.

– Moi, ce que préfère, ce sont les buissons de mûres. »

Franklin repense à toutes les fois où il est allé cueillir des mûres avec son ami.

« Tu vois ! dit-il. Encore une autre bonne idée !

– Et si tu dessinais le terrain de jeu », propose Martin.

Franklin pense aux merveilleux après-midi passés sur les balançoires et les toboggans avec ses amis.

« C'est ça ! » s'écrie-t-il.

Il salue Martin et s'en va précipitamment.

Un peu plus tard, la maman de Franklin le retrouve assis tout seul sur une balançoire.

« Est-ce que la promenade t'a aidé ? demande-t-elle.

– Pas vraiment, répond Franklin. Il y a tant de choses merveilleuses dans notre quartier. »

Sa maman le prend dans ses bras.

« Viens, rentrons à la maison, dit-elle. J'ai préparé ton dîner préféré. »

Franklin fait un grand sourire.

« Ça, au moins, je sais ce que c'est ! »

Il se sent un peu mieux après avoir mangé sa soupe de brocoli et sa tarte aux mouches.

« Je peux réfléchir à nouveau, maintenant », dit-il.

Il demande à ses parents ce qu'ils préfèrent dans le quartier.

« J'aime beaucoup aller au marché le samedi matin », dit sa maman.

Franklin sourit. Il raffole des petits pois de M. Lapin et des biscuits aux mouches de Mme Écureuil.

« Et moi, j'aime beaucoup aller à mon club d'échecs », dit son papa.

Franklin est d'accord avec lui. Il aime bien aller au club d'échecs, lui aussi.

Tout à coup, il se rappelle quelque chose.

« Est-ce vrai que M. Héron va déménager ? » demande-t-il.

M. Héron est le président du club d'échecs.

« Oui, répond son papa. Il va beaucoup me manquer. Le quartier ne sera plus pareil, sans lui. »

Franklin opine de la tête. M. Héron va beaucoup lui manquer, à lui aussi.

Soudain, il a une idée.

« Je sais ce que je vais dessiner ! » s'écrie-t-il.

Il court dans sa chambre et se met au travail.

Le lendemain, à l'école, tout le monde est très excité. C'est le moment de voir les dessins.

Mathieu le raton laveur commence.

« J'ai dessiné la rivière, dit-il.

– Et moi la forêt », ajoute Hubert le faucon.

Le tour de Franklin arrive en dernier. Il déroule une immense feuille de papier.

Dessus, il a dessiné presque toutes les personnes qu'il connaît.

« Je ne suis pas sûre de bien comprendre », dit Lili le castor.

Franklin sourit.

« J'ai dessiné mes voisins, s'exclame-t-il. C'est ce que je préfère dans le quartier ! »